AF286146

Anna Exl lebt mit ihrer Tochter in Wien. Studierte an der Hochschule für angewandte Kunst Werbung und war jahrelang Art Director und Texter in diversen Werbeagenturen, bevor sie anfing, sich Gedanken über Sinn und Unsinn des Lebens zu machen. Malt und schreibt, mal für Geld, mal zum Spaß.

Anna Exl
Jedem das Meine

Ungereimtheiten

©2004 Anna Exl
Herstellung und Verlag: Books on Demand GmbH, Norderstedt
Umschlaggestaltung, Fotos und Layout: Anna Exl
Illustrationen: Alma Radel

ISBN 3-8334-2295-5

Bibliografische Information der Deutschen Bibliothek: Die Deutsche Bibliothek
verzeichnet diese Publikation in der Deutschen Nationalbibliografie; detaillierte
bibliografische Daten sind im Internet über <http://dnb.ddb.de> abrufbar.

Inhalt

Für A.

meine katze

meine katze
liebt mich auch
wenn ich zicke
wenn ich zornig bin
über das leben
wie es eben ist
in den trüben winkeln
der realität

meine katze
tröstet mich dann
und sagt nimm's nicht so schwer
was ist das gegen die tolle zeit
die wir zusammen hatten
im alten ägypten
oder damals - als sie uns verbrannten
am scheiterhaufen der inquisition

dann muss ich lächeln
über die weisheit dieser katze
und die art wie ihre raue zunge
meine alten wunden leckt

mein kind

mein kind ist ein kind der liebe
weil ich es liebe
und es liebt mich

mein kind kriegt keine hiebe
denn es will liebe
und es freut sich

mein kind ist kein kind von traurigkeit
weil wir zusammen lachen
und vergessen zu weinen

mein kind und alle narren sagen die wahrheit
wenn sie auch manchmal schummeln
aber das kümmert keinen

mein kind werd' ich schon schaukeln
sagte ich damals
und das stimmte sogar sehr

mein kind schütt' ich nicht mit dem bade aus
da ist es schon besser
wir schwimmen im meer

mein kind steckt in den kinderschuhen
aber es wächst jeden tag
an meinen problemen

mein kind ich sage dir
das leben ist kein kinderspiel
aber wir werden's schon nehmen

mein kaktus

ich habe meinen kaktus
aus der gosse geholt
dort lag er achtlos entwurzelt
im straßengraben
an beiden ohren beinahe taub
zunächst zähmte ich ihn
indem ich ihn seiner stacheln beraubte
und setzte ihn in einer
fruchtbareren gegend wieder aus
im garten meines vorstadtreihenhauses
fristet er seitdem
ein langweiliges dasein
in bescheidenem wohlstand
und um der statistik genüge zu tun
bekam er ein weiteres ohr
ein junges aufmerksames
und zog es auf
alleinerzieher
aber ich unterstützte ihn
aus leibeskräften
sechs jahre lang
ich kaufte ihm neue erde
bewässerte ihn
und dennoch
er wollte nicht
an seinen aufgaben wachsen
keinen zentimeter
da
und jetzt plötzlich
explodiert er förmlich
ohne ersichtlichen grund

meine muse

meine muse ist klempner von beruf
sie versteht sich virtuos
aufs öffnen verrosteter ventile

und wenn dann alles fließt
tut sie ganz bescheiden so
als hätte sie nichts damit zu tun

meine wolke

meine wolke ist unberechenbar
mal lässt sie mich kuscheln
mal wirft sie drohend ihren schatten voraus

gerade ist sie kapriziös wie zuckerwatte
im nächsten moment grollt sie wie
herannahende artillerie

aus meiner wolke möge schlau werden
wer will

meine zeit

meine zeit ist nur einen quantensprung her
und mir weit voraus.
eben erst war ich alt und starb
wiedergeboren wie so oft
blicke ich nun schon wieder
auf eine ansehnliche anzahl von jahren zurück
oder voraus
alles passiert gleichzeitig
sagen die weisen
bloß weiß man nie so genau wann
sage ich

das kind steht am strom und wirft einen stein
gnadenlos unwiederbringlich
habe ich das loslassen noch immer nicht gelernt

das geborgte mein

ich meine dass mein mein
noch lange nicht zu einem dein berechtigt

denn solange es mein ist
kann es ja schlecht gleichzeitig auch dein sein

das widerrechtliche aneignen von mein
kann zu schweren sanktionen im dein führen

es gibt eine einzige ausnahme von der mein-regel

mein ist dann nicht mehr ausschließlich mein
wenn ich es einem dein freiwillig abgetreten habe

es verändert dann auf seltsame weise seinen charakter
und heisst fortan

unser

meine insel
(hydra-logie)

man sagt
niemand ist eine insel
aber
jemand ist meine insel

inmitten eines ozeans der ignoranz
bewehrt mit einer starken festung
gegen die mittelmäßigkeit

ein leuchtturm der aufklärung
sucht die see ab
nach gleichgesinnten schiffen

meine insel ist ein schlaraffenland
das mit lust
der vergänglichkeit trotzt

jemand ist meine insel

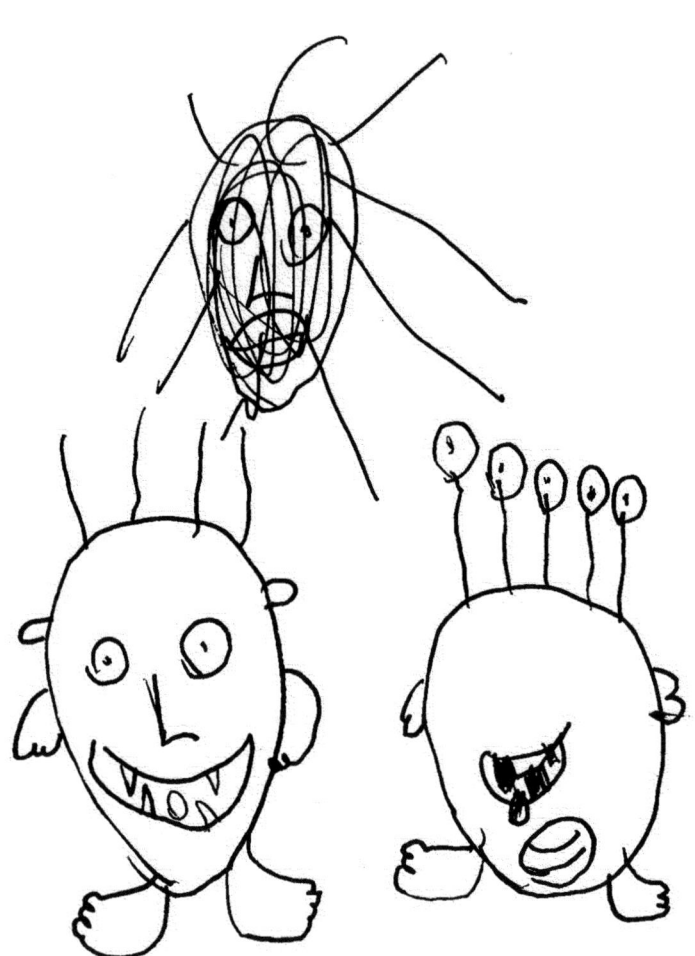

mein punkt

nun mach aber einen punkt
sagte pünktchen zu beistrich
der ohne punkt und komma redete

obwohl er nur höchst selten
einen standpunkt vertrat

mein entzug

mein entzug beginnt damit
dass ich jedes mal wenn wir uns treffen
eine überdosis bekomme

ich verlange danach
wider besseres wissen
denn ich leide schon

während unseres zusammenseins
unter der abstinenz der nächsten zeit
unter diesem gefühl des mangels

das nur ein süchtiger kennt
der etwas kennengelernt hat
das er besser niemals versucht hätte

mein entzug ist niemals freiwillig
denn ich habe keine einsicht in meine krankheit
ich will dass es immer so ist

wie in den momenten
wenn ich mir den schuss setze
von dem stoff

den der dealer den sie gott nennen
entwickelt hat um die menschen
abhängig zu machen

von etwas das so schwer zu kriegen ist
wie 7 milligramm liebe
verschnitten mit glaube und hoffnung

PS: probier mal sagte der teufel.
warum aber heisst es dann nicht probierung
sondern versuchung?

meine martinis

meine martinis bestehen zu einem teil aus schwermut
zu 5 teilen aus dem lieblingsgetränk der queen mum
und zu 16 teilen aus oliven (grün mit kern)

meine martinis kommen selten allein
und machen süchtig nach dean martin
denn man beachte die namensgleichheit

meine martinis machen durst auf
liebe - hier auf dem teppich
denn man geht doch nicht gleich
nach einem martini mit jedem ins bett.

cheers!

mein kosmos

ein universum
das worte nicht beschreiben
sprachlose welten
die sich zu worten verdichten

verdichten schönes wort
werden worte
die sich verdichten
zwangsweise zum gedicht

kann auch prosa daraus werden
die etwas beschreibt
das sich wieder auflöst
aber letztendlich
doch immer
nach vereinigung strebt

mein licht

mein licht
erblickt die welt
stelle ich unter den scheffel
geht mir auf
scheue ich nicht
geht aus

ich geh nach haus

meine trauer

ich trauere um
die große liebe
den gesunden menschenverstand
die ausgleichende gerechtigkeit
die reine vernunft
das pure vergnügen
die unendliche weite
den göttlichen funken

r.i.p.

mein eid

ich habe mir geschworen
kein einziges wort mehr
mit diesem menschen zu wechseln
der mir wie niemand zuvor
gezeigt hat was lieben heisst

ich habe mir geschworen
kein einziges wort mehr
mit diesem menschen zu wechseln
der mich wie niemand zuvor
gezwungen hat zu töten

ich habe mir geschworen
kein einziges wort mehr
mit diesem menschen zu wechseln
der mir wie niemand zuvor
mein innerstes nach außen gekehrt hat

ich habe mir geschworen,
kein einziges wort mehr
mit diesem menschen zu wechseln
den ich wie niemanden zuvor
verletzt und zerstückelt habe

ich habe mir geschworen
kein einziges wort mehr
mit mir zu sprechen
denn ich habe mit diesem menschen
gesprochen und erkannt
dass mein eid nur ein meineid ist

meine liebe

warum verletzen wir die am meisten
die uns am meisten lieben

warum lieben wir die am meisten
die uns am meisten verletzen

bloß so

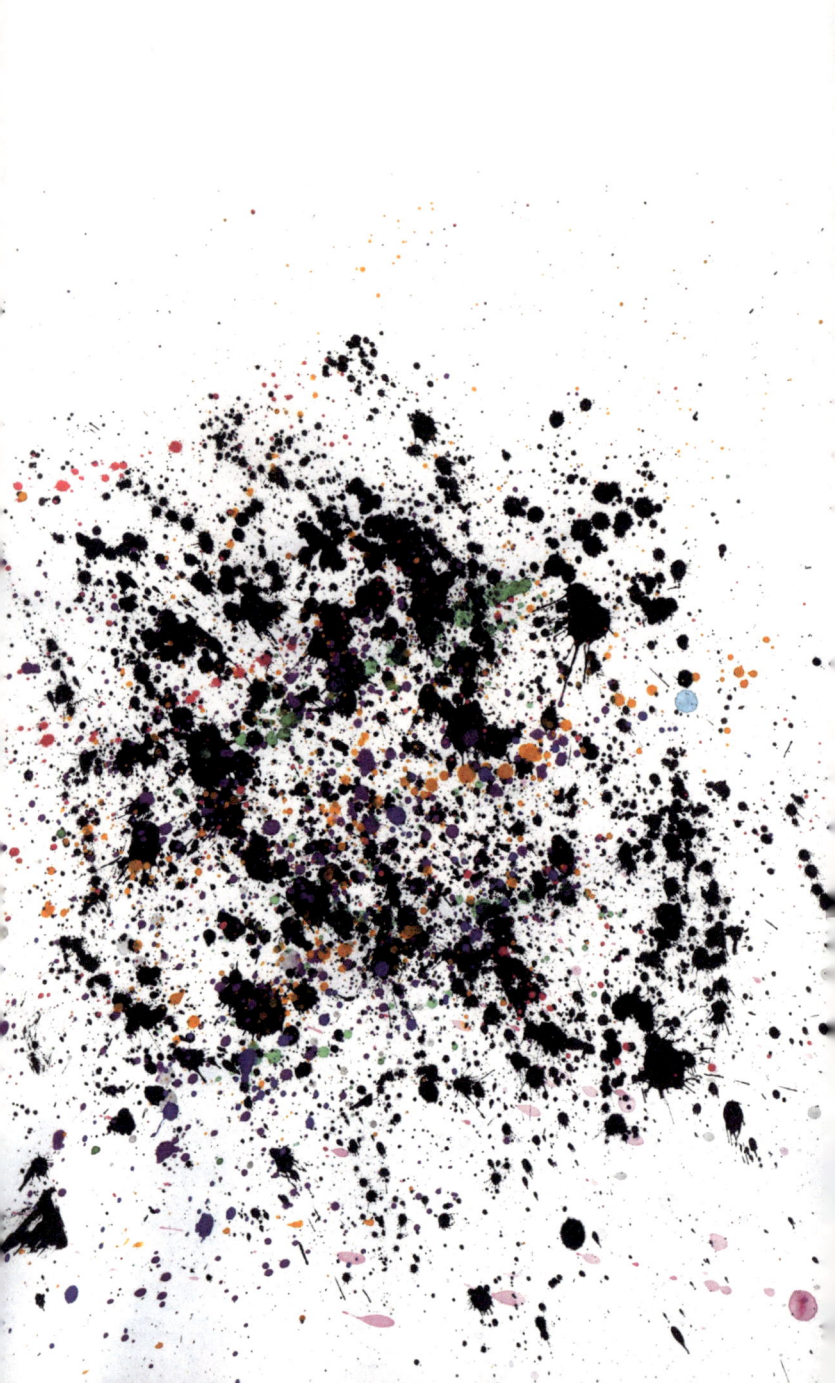

mein ganzes

es ist nicht so dass da zwei hälften wären
die ein ganzes ergeben
vielmehr war da zuerst das eine
völlig unteilbar und einzigartig

und es lässt sich auch nicht spalten
weder vom autismus der einen hälfte
die ja keine ist

noch vom zorn der anderen
die im großen und ganzen
auch nicht ganz so ganz wäre
ohne die eine

mein schmerz

mein schmerz sagt mir
du wirst mich so lange haben
wie du hoffst
dabei ist es doch so einfach

du musst nichts tun
als mich loszulassen
ist denn das
so schwer

ich sage schmerz
wenn ich dich loslasse
lasse ich auch die leidenschaft los
die so großartig und
unwiederbringlich ist wie die zeit

komm schmerz sage ich
töte mich
wenn du kannst
das ist unmöglich sagt mein schmerz
denn du trägst das wort in dir

mein konjunktiv

wenn ich dir sagte
dass ich dich liebte
und alles wagte
was sagtest du dann

du würdest sagen
ich sollte nichts wagen
denn an den kragen
ging es mir doch

ps
du sagtest
du wagtest
wegen mir
sicher nichts

meine verdammnis

verdammt.
noch mal?
in alle ewigkeit?
oder einfach nur zum leben?

verdammt noch mal!

mein theater

wenn ich eins mache
bin ich publikum
meiner eigenen szenen

wenn ich meine
regie zu führen
lausche ich doch nur
den diskreten eingebungen
meiner souffleuse

wenn ich mich verneige
bin ich niemals sicher
den applaus wirklich
verdient zu haben

mein mut

wenn ich meinen ganzen mut zusammennehme
und davon abziehe
87 ängste
142 zweifel
und 53 sorgen
bleibt unter dem strich
noch lebensmut für
102 jahre und 9 monate

mein apfel

mein apfel wirkt
seitdem er gepflückt wurde
ziemlich angebissen

sein fleisch ist zwar noch leidlich knackig
dennoch ereilt ihn immer öfter die erkenntnis
dass es sünde wäre
sich mit einem wurm einzulassen

mein 6

mein **6**
tat morgens um **7** immer so
als ob er nicht bis **3** zählen könne.
dabei muss man nur **5**e gerade sein lassen
um zu erahnen
dass es erst **13** schlagen musste
um ihn aus der reserve zu locken
gerade noch rechtzeitig
5 vor **12**

mein zweifel

ich bezweifle
dass mein zweifel
es jemals zu etwas bringt
es ist zum verzweifeln

mein baum

mein baum legte seinen schatten
kühlend auf mein erhitztes gemüt
und flüsterte mir verschwörerisch
blattheiten ins Ohr

"glaube mir, die wurzel allen übels
liegt in der natur der sache"
so und mit diesen worten
ließ er mich einfach im regen stehen

"du hast wohl einen in der krone"
murmelte ich mürrisch
denn ich hatte die ewigen belehrungen
meines baumes nun endgültig satt

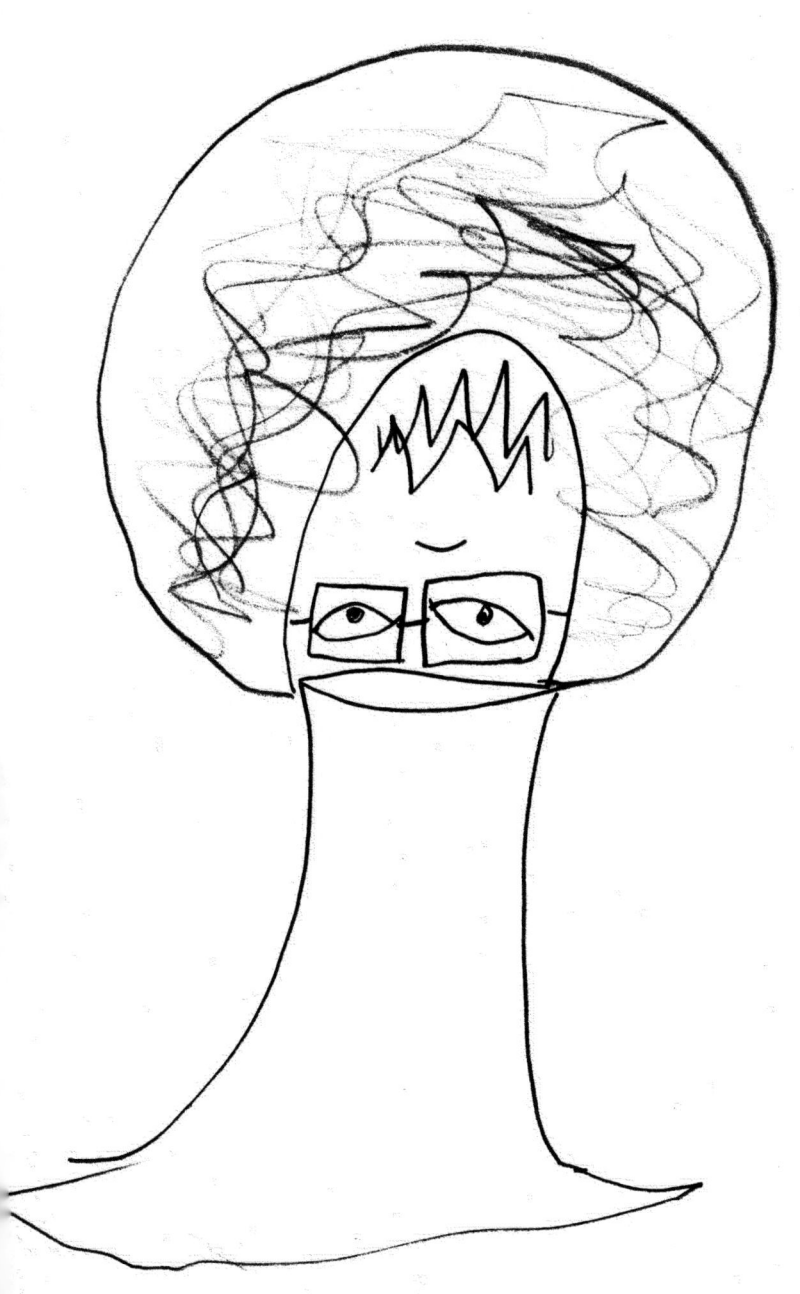

meine nähe
(schluss mit den ungereimtheiten)

meine nähe ist beglückend
meine nähe ist erdrückend

meine nähe hat man gern
meine nähe ist so fern

meine nähe bleibt bei mir
meine nähe sagt nicht wir

meine nähe sucht die deine
meine nähe findet keine

meine nähe fühlt doch was
meine nähe beisst ins gras

mein buch
(statt eines nachworts)

mein buch wollte ich schon lange schreiben
aber es widersetzte sich beharrlich
meinen annäherungsversuchen
mit dem argument
es scheue die öffentlichkeit

jetzt da es frischgedruckt vor mir liegt
spüre ich so etwas wie schadenfreude
ich verkneife mir einen kommentar
es raschelt ein wenig beleidigt mit den seiten
geschieht ihm ganz recht

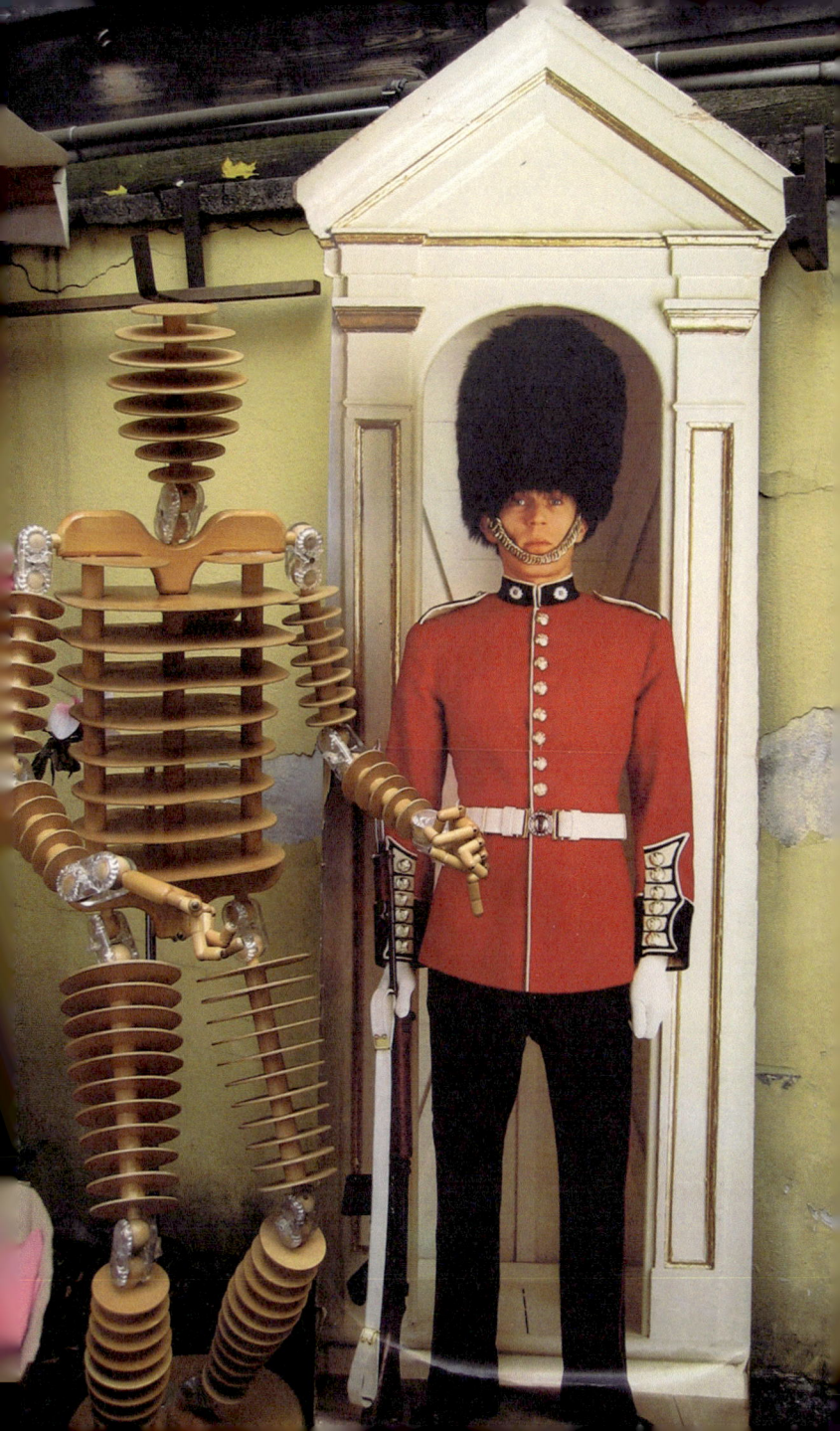

Nicht immer ist die letzte Seite die (ent)spannendste.